얼음새꽃

얼음새꽃

석경자 시집

두엄

시인의 말

나에게 시를 쓴다는 건 위로의
공간에서 위로를 받는 일이다
시는 내 삶과 여정을 함께 하며
포근한 공간을 만들어 주기도 하고
허물을 감싸주기도 하는
오래된 연인이다
잊혀진 잠든 언어들을 깨우고
저만치 인연을 찾아 나서는 한때
"얼음새꽃" 시집을 통해
고마운 분들에게 고개 숙여
마음속에 소중한 꽃 한 송이를
선보인다

2024년 10월 10일
무주 남대천 뚝방에 앉아서 석경자

차례

1부 | 안겨드는 오후가 가만히 손을 내밀면
■

꽃밭에 내리는 비 · 13
민들레꽃이 피었다 · 14
얼음새꽃 · 15
새봄맞이 · 16
아버지의 소몰이 · 17
매화꽃 · 18
봄비 · 19
자운영 · 20
진달래 · 21
오월은 · 22
산목련 · 123
봄눈 · 24
봄날 · 25
감꽃 속에 핀 그리움 · 26

2부 | 누가 떠나가고, 남아 있는지

텃밭 · 29
백련 · 30
어느 여름날 · 31
연꽃 · 32
이팝나무 · 33
장미 · 34
푸른 장미 · 35
여름날의 풍경 · 36
어느 날 · 37
애상 · 38
백련지白蓮池 · 39
시간이 머무는 곳 · 40
달빛 · 41
낯선 길 · 42
해바라기 · 43

3부 | 한때 격정으로 지새우던 마음

가을 편지 · 47
가을꽃으로 서다 · 48
무화과 · 49
여정旅情 · 50
코스모스 · 51
가을 소묘 · 52
바람의 거리 · 53
무서리 내린 꽃밭 · 54
가을빛 머문 곳 · 55
나목에게 · 56
촛대바위 · 57
종이학 · 58
강가에서 · 59
가을 남자 · 60

4부 | 가던 길 잠시 멈춰 서면

찻집 · 63
또 하나의 빛깔 · 64
회상回想 · 65
하얀 겨울 · 66
겨울이 남긴 이야기 · 67
구곡폭포 · 68
겨울 사랑 · 69
괴목槐木뿌리 · 70
동구나무 · 71

5부 | 어제의 시간을 주워 담는 눈빛들
■

바다 · 75
낙화落火놀이 · 76
바다의 시간 · 77
할머니의 틀니 · 78
새 · 79
어둔 밤 흐르는 빛 · 80
어느 아침에 · 81
숲의 기억 · 82
우뭇가사리 묵 · 83
선인장 · 84
촛불 · 85
물빛 그리운 곳 · 86
산중화山中花 · 87
나도송이풀 · 88
사계 바람꽃이 되어 · 89

해설 | '삭여둔 그리움'의 속살들 · 93
  - 최명표(문학평론가)

제1부

안겨드는 오후가 가만히 손을 내밀면

꽃밭에 내리는 비

비바람
새벽 휘저으며 달아오른
광기狂氣는 먹구름 들쳐메고
온 거리로 비틀거린다

이 조그마한 꽃밭에
평화조차 거부하는
거친 날씨의 숨결

웅크린 봄빛
허물며

꼬박 낮과 밤
목청 돋우던 너
지친 그림자 꽃밭에 눕고

슬그머니 풀어 둔
푸른 햇살, 층층이
물오르는 밀어密語들.

민들레꽃이 피었다

민들레 환한 길가에서
불편한 몸 지팡이에 의지한 채
"꽃이 이쁘다", "꽃이 이쁘다"
그녀는 민들레꽃 되었다

그녀의 살아온 삶이 보이는
굽은 손가락과 발가락 민들레 뿌리보다
더 깊은 상흔들이다

하얗게 자리 잡은 발톱무좀은
그녀의 일상 속에서 무수한
시간을 갉아먹고

아득한 기억을 모아놓은
방안에는 네온 불이
밤낮으로 깜박거린다

오밀조밀한 인형들을 마주하면서
때로 아이 같은 그녀가 오늘도
해맑게 웃고 있다.

얼음새꽃

모진 칼바람 속 잔설 헤집고
드러난 고운 꽃빛

가슴에 빛깔 물들이며
까슬한 슬픔 살얼음 녹여
힘차게 밀어 올린 꽃송이

견디기 힘들었던 날들
단단한 치유의 시간 다듬어
피워내기까지

뜨겁게 함께 했을 그 사랑

잔설은 미련이 남아
꽃잎 사이로 겨울을 숨겨두고
웅크린 봄빛 꽃잎을 아우른다.

새봄맞이

수수꽃다리 향기 맞닥뜨린
고향 가는 길
황톳길 눈 비비는 이곳에
가만히 다가서는 그림자

언덕 너머 넘실대던 옛 얘기는
머물지 못하고
봄꽃만 환하게 피었다

어스름이 밀려와도
사붓이 내려앉는 봄
흙담 사이 풀꽃들 일으키고

상념 속에 꼬물대는 조각달
여윈 볼에
어느새 보조개 패인다.

아버지의 소몰이

긴 세월 손때 얼룩진 농기구들
창고에 눕혀져
서로 엉킨 잡초들 구석구석
향기를 채운다

매끈하게 닳아있는 쟁기에서
여전히 우렁찬 소몰이 소리가 귓가에 맴돈다
이랴 쩌저쩌저, 아버지는 숨이 가쁘다

씀바귀가 쌉쌀하게 피어나는 봄
노랗게 꽃대 흔들며
정겹던 그 목소리 둑길 따라 함께 거닌다.

매화꽃

봄을 재촉하는 비에
철없이 그리워 피는 매화꽃
자잘한 꽃잎 일으킨다

양지바른 길모퉁이 꼿꼿하게 찾아든
바람 앞에서 가지 끝까지 수줍음을
밀어 올리는 꽃송이

꽃잎을 스치며
날아가는 새의
부드러운 곡선이 왈츠가 되고

못 잊어 다시 피는 꽃 그림자 위로
사박사박 다가오는
풋풋한 너의 향기.

봄비

빗방울에 가려진 꽃빛 헤집고
비둘기 몇 마리
꽃길 다듬고 있다

안겨드는 오후가 가만히
손을 내밀면

너의 미소는 나붓이
내려앉아

비둘기 젖은 날개 위 아직
꽃을 안 피운 기운이
조용히
깃 모으고 있다.

자운영

자운영 꽃이 재잘대던 풀밭에서
소 먹이풀 뜯느라 엄마와 나는
되새김질하는 소가 된 적 있었다

들여다볼수록 더 붉어지던 꽃빛
손아귀에 숙명처럼
번져가던 꽃물

소 먹이풀 가득한 리어카 밀던 힘겨움도
꽃놀이 가는 아낙의 부러움도
엄마는 오직 하나

군대 간 큰아들 그리운 자리
따뜻한 부뚜막에 자리 잡았던 고봉밥이
엄마의 유일한 안식이었다.

진달래

환한 빛살 속에서 살풋한 눈을 열어
바람을 밀어내는
원미산에 진달래

하얗게 휘날리다 다시
꽃으로 머무는 산벚꽃 아래
다홍빛 축제에 꽃무덤도 열리고

세월에 묶여 말하지 못한 어느
고백이 꽃잎에 젖어
부드러운 반란을 일으킨다

하늘빛 슬며시 그 곁에 누워도 끝내
고운 꽃빛 담아내지 못하고 돌아선다.

오월은

꽃바람에 몸을 낮추며 살포시
찾아온 새벽
풀피리 불어주던 기억을
풍기며
새하얀 불면의 시간
푸르게 안겨 준다.

산 목련

고요히 눈을 뜨고
세상을 탐하는 산 목련, 꽃구름 아래
환희를 퍼뜨리고 있다

향기로 가슴 여민 아득한
미지를 굽어보고
산새 머물렀던 가지 끝에서
깊고 환한 속삭임이 흔들린다

꽃과 꽃 사이 봉긋봉긋 묻어나는 소리
헤집고 들어가 보면
낮달이 스친 자국마다 하얀 고독이
산의 가슴팍에 얼굴 파묻고 있다.

봄눈

이파리 떨어낸 자리마다
다 채울 수 없는 사랑
꽃봉오리 부풀어

봄눈
은빛 하루 열면

새봄맞이 설레임
아련히 채워지는
그리운 날

꽃빛 봄 따라 뒹굴던
또래 아이들
화사한 목소리는

하얀 눈 헤집고 피어나
송이송이 빛나고 있다.

봄날

잎샘바람 머물다 간 마른가지에
나비잠 자던 봄빛

오늘은 그리운 사랑과
이슬로 앉아 꽃눈 아우른다

겨우내 이별이 침묵으로
아팠던 날도
영롱하게 가슴을 향해오던
그 향기

옥수수 밭길보다 더 푸른
물빛이 줄기마다 스며들어
내 마음의 봄꽃무늬 짙어만 간다.

감꽃 속에 핀 그리움

푸르름은 온전한 사랑 길들이며
설레는 마음 그만 드러내고

꽃봉오리 감싸고
먼 이야기 더듬는 바람 앞에서
툭, 툭 하얀 유희游戱 터뜨린다

찰랑대는 햇살 타고
무성한 가지 위 더 푸르게
어우러지는 잔가지

상념 속 감꽃 헤아리다 보면 어느새
나도 어린 시절 얼굴로 핀다.

제2부

누가 떠나가고, 남아 있는지

텃밭

새벽잠 쪼아대는 수탉 울음소리
간밤의 꿈 어렴풋하고
그는 벌써, 푸석한 땅 한자리 마음 당기는
치유의 시간 속으로 여미지 못한
새벽을 밟으며 안부를 챙긴다

햇살을 나누는 그는 산파産婆의 손놀림
상추, 고추, 고구마 온 정성을 쏟더니
여름 내내 푸릇함을 노래했다
더디게 호박넝쿨도 마디마디 꽃등 내걸더니
어느 날 쓸벅 살 오른 달덩이 받아냈다

근육 팔팔한 바람도 내몰고 숨 고르기 하는 몸짓
사랑을 새김질하는 텃밭에서
나도 슬그머니 푸성귀 되어 한 잎 틔워본다.

백련

꽃대 잘려 나간 백련 한 송이
상처 아물린 날들
펼쳐놓고 번뇌 중이다

말년에 회심곡 틀어놓고
일상을 엮던 어머니 잔주름
오목하게 겹친다

열여섯 장의 연꽃잎 파르르
꽃술 밀어 올리며 태동을 꿈꾸고

진흙 속 남겨둔 꽃대 찾아
조급히 떠나가는 순백의 향기.

어느 여름날

내 안으로 깊어져 가는
하나의 강
물빛 아롱지던 어느 여름날
푸른 물이 흐른다

조약돌 하얀 햇살에
뒹굴던 강가
은빛 물고기보다 더 투명하던 날

해맑은 잔물결에
가장 화려한 나비 몸짓으로
나는 꽃의 일생을 잊었다

이제, 아늑한 시간들 저만치
밀려간 자리
호젓한 물길에 그림자 홀로
강을 거슬러 오는 이야기 듣고 있다.

연꽃

아직은 서투른 몸짓으로 낮은
꽃구름 아래
영광의 빛 그려내는 연잎蓮葉

머지않아 활짝 피어오를 꽃빛
고독을 헤아려야 할 별리別離의
깊은 몸짓이라 해도

젖은 물길 따라
꽃의 형상 잃는다 해도
뜨거운 홍련의 가슴

조심조심 환희의 저 꽃대 받들어
천상의 빛들 마중한다.

이팝나무

잊혀진 소녀의 기도 깨어나는
너른 공터에
다소곳이 하늘빛 받아내는
이팝나무

하얗게 흔들리는 지난날의 그리움
오랜 향기로 피어난다

이제, 서로를 껴안고
서투른 꽃바람의 길 벗어나
잔잔한 햇살 벗 삼은 길

재잘대는 옛사랑이 가끔은 외로운
가슴 내보이며 꽃 속에 있다.

장미

담장에 사모의 마음
꽃송이 꽃송이 걸어놓고
연초록 가지마다 살포시
비밀을 토해낸다

촉촉이 물기 젖은 입술 가득
고혹적인 향기는
처음으로 나를
애타게 하던 사랑

꽃봉오리 펼쳐지는 소리
귓전에 닿을까 바람도 잔잔한
새벽 창가

꽃잎 속살 아련하게
보듬어 안고 저 멀리
배회하는 초승달.

푸른 장미

잊혀진 줄 알았던 첫사랑의 느낌이
푸른 꽃잎 속으로 스며들었다

잔잔한 그 미소가
별빛처럼 반짝반짝 풋풋하게 전해오면

흐려진 언어 속
남겨졌던 기억의 조각들

조심조심 소문을 잠재우며
꽃봉오리 맺는 밤.

여름날의 풍경

회색빛 햇살 드리워진 하늘 모서리
젖은 새의 눈빛으로
깃을 털어내는 떼구름
희고도 빛나는
싸리꽃 터트리고

설레임 가득 채우고
되살아나는 풍경 속 여름 날

기다림의 눈부신 꽃피우듯
나는 이야기꽃 심어 놓고
환한 숲으로 서서
너를 맞이한다.

어느 날

어둔 적막을 밝히는 가로등
언제였던가
파르르 날갯짓 하던 나비로 너울댄다

하얀 솜털 추스르며
나비의 가슴으로 채워지는
묵은 이야기들
저마다 꽃대로 솟아오른다

어둠에 서성대는 추억을 따라
파득대는 날개
창백해진 기억 속으로
가로등은 점점 달아오른다.

애상

텃밭에 걸려있는 당신의
잔주름
잔영에 능소화 꽃잎은 섧다

넝쿨처럼 피어올라 눈 비비며
쫓던 그리움

촛불은 번뇌가 되어 울먹댄다.

백련지 白蓮池

청정의 몸 받들어
가냘픈 목 곧추세우고
순백의 생 피어나는 몸짓

소담한 연잎 사이로
개구리울음 타고
모든 번뇌도 한가롭다

칠월의 햇살이 정겨워
먼 산 뻐꾸기 울음소리 내려앉고
잊으려 했던 마음 향기로 남아

온통 세상을 투망하는 흰빛
몸에 채워진 인고 忍苦는
깊은 인연의 흔적 사르고 있다.

시간이 머무는 곳

시간이 겹겹이 스며든
늦장미
꽃잎에 채워지는 빛
고독하게 두 눈에 갇혀

달빛 젖은 붉은 몸
가만가만 내 손 흔들면
속삭이듯 손끝에 다가드는
얼굴

어느 날 바람 속
홀로 피다가
때로는 마음 한편 밝혀주던
너의 그리움이

늦은 밤
달빛 두르고 나와 함께 호젓하다.

달빛

젖은 풀바람 향기에 뒤척이는 밤
한여름 달빛 치자꽃 향기
그윽하게 묻히고 침실로 찾아든다

잊혀진 달콤한 언어들이 깨어난다

꽃은 꽃대로
향기는 향기대로
달빛 속으로 미끄러지듯 절정으로 향한다

끝내 이별을 말하지 못한 바람 앞에서
여전히 제 몸 분신처럼
거꾸로 낙화하는 초록 향기들.

낯선 길

어두운 길목에 잠시
바람이 멈추었다

장미 담장에 낯선
이름 새기고 초연히
꽃잎 아우른다

텅 빈 나의 가슴안으로
여름 향기 터트리는
바람이 잦아든 길목

새 한 마리
날아들어
어둠 속에서 깃털 모으고 새벽을 기다린다.

해바라기

어둠 속으로 길 떠나가는 저 바람 소리
잠시 꽃 담장 너머 흐르는 고독
오래전 남아있던 철부지
내 모습도 피어난다

사랑했던 날이 바람의 중심에서
꽃 무리 이루듯
아련한 기억을 찾은 허물
수많은 별처럼 반짝인다

어머니 그 먼 길 위에도
해바라기는 피어났을까
달빛 아래 어머니 한숨처럼
곱게 늙은 해바라기.

제3부

한때 격정으로 지새우던 마음

가을 편지

마른바람 떠나간 자리
절규의 투신이다
붉은 입술 강물에 적시고
아직 꺾이지 않은
꽃 같은 몸

멈추지 못한 애증처럼
이별의 강에
뜨거운 청춘들 역류하고
가을은, 그리운 너에게
고운 편지지 펼친다.

가을꽃으로 서다

햇살이 떠나가는 억새 숲
마른 꽃 나풀거리며 가을은
잔 그림자 드리우고

가장 빛나는 계절 껴안았던
은빛 물결 가만가만
내 가슴에 출렁댄다

한때 격정으로 지새우던 마음
빈 몸으로 돌아서
이제 사랑을 보내야 할 때

사랑은 사랑을 지켜주기 위한
배려라고
억새는 가을꽃으로 말하고 섰다.

무화과

보들보들한 살이 달콤하게 맛이 든
무화과 반으로 쪼개어 들여다본다

과육은 오랜 시간을 끌어안은
꽃의 숨소리 선명하고
볼그레한 빛으로 타원형을 그리며
긴 여운을 촘촘히 뿌리내렸다

가을빛에 농익은 열매 떠받든 나무
이별보다 산뜻한 만남을 준비한다

윤기 흐르는 이파리
굳건하게
초록빛 담장 만들고 섰다.

여정旅情

차가운 아스팔트 위로 바람을 따라
낙엽은 앞서거니 뒤서거니
바삭한 몸으로 길을 간다

머무를 곳 어디인가 저 모퉁이 돌아
울먹이듯 재촉하는 몸짓이 힘겹다

금잔화 꽃이 즐비한 모서리에
발걸음을 멈춰본다

이미 낙엽은 어디론가 떠나버렸다

그의 뒷모습 닮은 적막한 시선
마른 햇살이 길을 따라 엎드리고 있다.

코스모스

가을 길 따라 품은
연정戀情 곱게
곱게 드러낸다

오후를 거닐던 마음 안으로
다 이루지 못한 애잔함
살포시 안겨든다

가을의 때를 기다렸던 나날들
여윈 가지마다
꽃빛 밝히고

햇살이 만들어가던 꽃잎 자리
먼 기억의 소녀들이 한 아름
독백에 밀려 가만가만 흔들린.

가을 소묘

가을빛 홀로 그리움 보듬어
몸살 앓는 강물

물새 날개에 툭툭
떨어지는 가을 잎 파문
다가서면 손끝에 묻어오는
산빛 물빛

가슴 풀어헤친 강을 타고
산허리 물에 잠겨
계절은 천천히 옷 벗는다

물 위로 안긴 고운 빛 한 자락
밤새워 품어
잎새는 꽃이 된다.

바람의 거리

낙엽들이 바람에 쫓겨
새떼처럼 날고 있다

바람은 어느 곳까지 치닫는지
힘껏 소리치며 낙엽을 담벼락으로
몰아붙이고
다시 끄집어내고
좁은 골목길은 아우성이다

생인손을 앓고 떠나듯
바람이 떠난 골목길은 어수선하고
햇살마저 부스스한 오후

뒹구는 낙엽이 햇살을 줍고 있다.

무서리 내린 꽃밭

발가벗은 네가 숨죽여 울고 있었다
무서리 내린 날
헝클어진 머리 모양새
지쳐버린 몸, 바람에 눕는다
어둠이 내려앉고
이제, 자유가 주어진다

여로에서
이야기가 묻어나고
이 한밤에 별들 다시 쏟아진다.

가을빛 머문 곳

새의 봄날은
축복이었다
숲에 아늑함
보드라운 새의 깃털

꽃의 가장 붉은 자리, 매미
울음도 가벼렸을까

흔들리며 지새우던
잔가지들
어느 밤 삭여둔 그리움

고독한 무리를
앞세우며 짓누르는
바람의 신열身熱, 가을은
온통 가슴 열어 열꽃의 춤판이다.

나목에게

풀꽃으로 머물던 바람
달빛에 앉혀놓고
겹겹이 슬픔 동여맨
나목

갈잎 끝에 다소곳이
환영幻影으로 갇혀있는
고독한 몸부림

서릿발 내리기 전
채우지 못한
꿈
한 잎 두 잎
밤을 지새운다.

촛대바위

머언 수평선
깊은 숨결 고르고
홀로된 고적한 몸

해당화 붉어
바닷새 울음도 붉은 이곳에
바다의 전설도
하얗게 춤을 춘다.

종이학

가슴 깊이 삭여둔 그리움
품에 안고
창살 가득 모여든 비취빛 우러러
손끝에서는 무수히
눈먼 학들의 춤사위가 벌어진다

마른 두 손 모아
눈물 비워둔 침상 위에는
비스듬히 종이학 한 마리 졸고

저녁 하늘로 툭툭
시간 떨궈내는 가을 소리
한 자락 움켜쥐고

힘겨운
비상을 꿈꾸는 너는
조용히 잠들어 있다.

강가에서

색 바랜 시간들 너울대는 강물
황혼의 가을은 잠겨 모두
그리움의 빛이다

아련한 잔물결에 꽃 시절 피고 지고
어느덧 강물 속으로
산 그림자 깊어

물수제비 띄우던 강바람
능선을 향한
휘파람 소리

점점 익숙해져 오는 달빛
늦도록 달맞이꽃 살피고 있다.

가을 남자

가을 산을 찾았다
누군가 말한다
나뭇잎 속에 속삭임이 있다고

가을의 시인들 서로서로
나뭇잎 가까이 귀 대어본다
여기저기 웃음소리 터지고 있다

돌아보면 신열도 많았던 그 시절 한결같이
꽃으로 필 줄 알았다

저만치 가을 남자 닮은 떡갈나무
홀로 우직하다.

제4부

가던 길 잠시 멈춰 서면

찻집

찻잔에 소복이 차오르는 풍경
홀로 깃을 털고 있는 참새 곁에
겨울 햇살이 속닥거린다

하얗게 꽃을 모두 보내버린
사위질빵의 마른 열매 울타리 만들고
창가에 터를 잡았다

하고픈 이야기 접은 채
가볍게 미소 건네는
정겨운 눈빛들

물까치 둥지 속으로 몽상을 터뜨리며
그려내는 그늘막이
초록빛 바람 쓰다듬는다.

또 하나의 빛깔

옹색한 바구니 안에서
가슴앓이 깊어 갈수록 점점
몸 밖으로 새로운 욕망
싹 틔우는 감자

머지않아 곰삭을 미련
떨구지 못한 채
온몸 내어주고

그 안에서 나는
새벽 펼쳐놓고
아린 추억 캐어내고 있다.

회상回想

고고한 느낌마저 사랑했던 가을
남겨둔 잎새에 제 몸을 떨군다

햇살의 골짜기 따라 강물 속에 누워버린
자작나무들

낮달이 스치고 가버린 잔가지 끝에
산새의 울음이 움트고

홀로 깃털만 떨궈놓은 둥지 안에는
오래도록 어미의 잔 그림자 일렁인다.

하얀 겨울

온 하늘
하얀 새 무리로 가득하다
파닥대는 몸짓
은빛 비늘마저 풍성히
꽃을 피우고

눈발 속 반가운 소리 그리워
가던 길 잠시 멈춰 서면
가슴 한 곳 담아둔 아픔이

어느덧 봉분 위
마른 풀섶 헤친다

새하얀 얼음꽃 밟고
잦아드는 어둠
이제 빈 둥지 지키며
새들의 무리 속에 묻혀 있다.

겨울이 남긴 이야기

옛이야기 스며든 강물에
겨울이 쏟아낸 하얀 눈빛
물풀 향기 부딪치며 찰랑댄다
물소리
살며시 안겨들어 채워지는 강

흐르는 그리움마다
저만치
물 밑에서
꽃별 하나 떠오르더니
화려하게 타오르지 못한
겨울이 빚어낸 꽃이 된다.

구곡폭포

언제부터 이 자리에서
손짓했는지

풀어 헤친 가슴에
오색빛 휘감은
폭포는
바다 그리워
이제 얼음꽃 지고

산벚꽃 이파리 무수히
포개놓고 날리는 숲
뽀얀 향기 밟으며
가만가만 들어서면

산빛 둘러싸인 계곡
너의 목소리
메아리도 넘친다.

겨울 사랑

살얼음 핀 강물에 수달 한 쌍
한밤의 얼음꽃 즐기고 있다
어둠 속 들켜버린 밀회가 그대로
꽃이 되는 지금

고적한 겨울밤은 깊어가고
유연하게 부풀어진 사랑의 곡예
한때 너의 사랑도 저렇듯
얼음꽃 즐겼으리라.

괴목槐木 뿌리

찬바람 휘감기던 숲
아물지 못한 상처 보듬고
덤불 속 웅크리고 있던 너

햇살마저 그늘에 숨어 들은
비탈진 산길
거친 바람에
너의 존재는 점점 작아지고

볕 좋은 어느 오후
오래 묵은
허물이 벗겨져

달밤을 연모하는 수줍음 가득한
알몸으로 끝내
누워버린 너

손길이 닿을 때마다 다소곳하게
때로는 투박한 몸짓이다.

동구나무

저만치
언제나 그 자리에서 의연하게
모든 걸 포용해주는 동구나무

그리움으로 찰랑대는 잎들이
저녁노을에
한자리 내어주고

어둠이 밀려오면
사연들 품에 안고 하나, 둘, 초록별을
심어놓는다

아침이면 날개 활짝 펴고
햇살을 꽂고 날아오르는
새의 모습으로

구억마을 동구나무는
묵묵히 고뇌의 일들
사르고 있다.

제5부

어제의 시간을 주워 담는 눈빛들

바다

삶의 비워둔 공간으로
너의 바다가 펼쳐져
옛 생각에 그날의 흔적 찾아본다

미련이 떠나가던 날
끼룩끼룩 울던 갈매기
다시 바다의 시간을 쪼아대고

잊은 지 오래된
빛바랜 언어 쏟아져 나오는
바다에서 잠시 표류한다

해풍에 실려 오는 소식도
오랜 세월 속에
꽃이 되어 환해지는

거제 포구의 밤은 깊어가고
마음자리에 등불 밝히는
이제 온유해진 너의 밤바다.

낙화落火놀이 2

제 몸 태워 어둠 씻어내고
황홀히 낙화하는 여인들

물속에 드리운 치맛자락
지느러미 나풀대며 헤엄쳐 다니고

잔물결 어룽진 숨결 씻어
별의 고요 속에 묻힌
저 혼불 같은 신음

아득한 날에 손목 잡힌
허공의 별꽃 따라
지상의 불빛은 소리로 나풀거린다.

바다의 시간

갈매기 울음바다에 갇혔다
파도의 속삭임 멀리 거두고
새하얗게 부표浮標가 되었다

여기저기 낯선 눈빛 따라 비릿한
바닷속을 헤엄쳐 간다
가슴안으로 점점 커져가는 섬

어제의 시간을 주워 담는 눈빛들
은빛 갈매기의 날갯짓에
먼 곳의 소식이 들려오고

뱃바람 걷히고 나면
더 푸르게
깊어가는 바다의 시간.

할머니의 틀니

아직도 할 말은 남아 있을까
아니면 더 할 이야기
듣고 싶은 이야기 없는 것일까
할머니 틀니는 다소곳하게 천장만 바라본다
구십 평생 되도록 내보이지 못하고
속앓이한 말이 틀니 속에서 자리 잡았는지
더 옛 얘기는 들려오지 않는다
매년 이맘때면 보랏빛 라일락 향기가
바람결에 묻어오고
할머니 눈 속에 비친 꽃 세상은 온통
이야기 천국이었다
이제 틀니도 약해져
푸석한 이야기 허공에 던지고 있다.

새

밤새 침실을 떠돌던 새 한 마리
꽃이 그리워 울음 울다 지친 날개
오늘 밤 꿈꾸는 깃털 속에
조용히 흐르는 피가 붉다

찬바람 휘도는 창밖에는 달빛
손길 아래
선잠을 깨는 새의 몸짓

어둠에 잎 틔운 사연들
꽃송이 피워내는 밤
아직도 설레는
공간 속에는 둥지가 있다.

어둔 밤 흐르는 빛

막차 들어온 서울역 광장
빛에서 빛으로 나는 비둘기
허공 길 닦고 닦는다

못다 지운 말 아직 남았을까

기다린 시간 털어내는 날갯짓
그날의 약속

사랑한 순간
막차 선반에 두고
나는 광장을 가로지른다.

어느 아침에

새 한 마리 울음이 멎고
새벽안개 고운 길 열었다
길모퉁이 사과나무 푸르게
아롱대는 이름들

꽃 지던 날도 뜨겁던 가슴
나비 날갯짓 떠나간 가지에
아침햇살이 곱게 휘감긴다

꽃구름 층을 이룬 마음 길에
지난날 하얗게 울어대던 바람이 찾아들어
은빛 날개 돋는다

돌아갈 길에도
잊혀진 그 길에도 어린 시절 친구들
나의 눈빛 채우고 선다.

숲의 기억

적막한 날들 바람처럼
꽃이 되었던 때
돌아보면 아득한 그곳에 조금은
쓸쓸한 빈 의자

산새의 노래 흐르고
숲에는 젖어 든 세월만큼
푸르게 채워지는
기다림의 여백

그 누군가 낮달이 차오르기 전
낯설게 스쳐가는 동향

마주 앉은 고목 한 그루
아직도
남겨진 연민의 나이테 안고
인고忍苦의 날을 비운다.

우뭇가사리 묵

이맘때 여름철이면 엄마가 만들어주시던
우뭇가사리 묵
열무김치에 우뭇가사리 묵 한 사발을 맛있게 비우던 그 시절
콩가루를 듬뿍 넣고 비벼주시던 엄마의 손맛
정성껏 엄마의 맛을 기억하며 만들어 봤지만
울컥 미끈한 우뭇가사리 묵
자꾸만 목에 걸리는 느낌이다
콩가루를 두 숟가락, 세 숟가락 더 넣고 비벼봐도
엄마의 투박하게 썰었던 우뭇가사리 묵
그 맛은 여전히 구수하게 남아있고
지나온 날 만큼 어느새 비집고 터를 잡은 내 나이도
그 시절의 엄마 나이를 훌쩍 넘겼다.

선인장

작년 이맘때, 튼실한 잎 몇 장
잎꽂이 들어갔던 선인장
반그늘에 눕혀진 그 목마름 외면한 채
사나흘 허물어지던 시간 속
조금씩 여위어가더니 터를 잡고 열반에 들었다

존재를 키워가던 몸통 위 맑은 햇살 소복하고
하루의 양분 쪼개어 나누던
성찰의 시간
조금씩 부풀어지던 소명에
비로소, 엷은 꽃빛 어둠 속에 눕더니
찬란히 새벽 춤을 춘다.

촛불

묻어둔 생채기 온몸으로
떨구어내는
촛불
솟아오르는 욕망마저
겹겹이 삭여둔 꽃무덤

침묵 삼키는 창가에
연약한 그림자
세워둔 초연한 눈빛

별들의 아우성 찾아드는
늦은 밤
끝내 침묵하던 너
파르르 어둠을 토해낸다.

물빛 그리운 곳

노을 비낀 산허리
저만치
물길 내어주던 푸른 몸

물새 떼
흩어져
낮은 울음 떠도는
어스름의 깃털을 파고들면

빈 강 들썩이는 바람 소리에
빛바랜 수초들
먼저 눕는다.

산중화 山中花

달빛도 여운餘韻이 남아
산죽을 쓰다듬고

수줍은 산목련 지던 날에도
그 자리 달빛이
고독했을 사랑이여.

나도송이풀

한번쯤, 너도 새로운 길 위에
뿌리내려 보고 싶어
솔방울 나뒹구는 숲을 그리워했겠지

너만의 자리 찾아
빈약한 뿌리 내려 보고 싶어
순종의 계절을 우러러
싹도 틔우고

갈라진 옹벽 틈새에서 바라본
세상은 만만치 않아
나약한 꽃 몇 송이 매달고
꽃무리 그리던 마음

너의 계절이 지나고 나면
꽃의 낭만도 시들어
그립던 소나무 숲에 텅 빈 바람만 떠돌 뿐이다.

사계 바람꽃이 되어

창 너머 거리에는 송화 향기
그윽한 안개비 기다리던
오후가 깊어져 간다

그립던 날 어디쯤에
아득히 날리던 그 향기
사랑이 그리워진다

사계 바람꽃처럼 가볍게 흔들리던 날
잠시 여운에 잠겨

꽃으로 흐르고 싶은 그리움
흐르지 못하고
한 잎 한 잎 젖을 뿐이다.

해설

| 해설

'삭여둔 그리움'의 속살들
– 석경자론

최명표(문학평론가)

1

무릇 사람들은 저마다 그리움을 품고 산다. 그리움의 결이 달리지는 이유이다. 사람들 중에는 그리움을 밖에 내놓고 말리는 이가 있는가 하면, 단속곳처럼 속에 꽁꽁 숨겨서 남에게 기미라도 들킬까 저어하는 이도 있다. 양자는 전적으로 당자의 성향에 따라 달라지겠으나, 대부분의 시인은 앞의 축에 든다. 그리고 속에 켜켜이 쌓아두고 싶지 않으랴만, 배운 시작법에 터하여 문자로 진열하는 쪽을 택한다. 이때 그의 문자 행위는 "물오르는 밀어"(「꽃밭에 내리는 비」)인 양 조심스럽게 이루어진다. 그리움의 시편들에 이용된 어휘들이 한사코 "꽃바람에 몸을 낮추며 살포시"(「오월은」) 적히는 사정인즉, '밀어'의 비밀스러운 성격에서 비롯되기 때문이다. 그런 연유로 그리움을 시화한 작품은 소란하지 않다. 그리움은 '밀어'처럼 수줍게 자세를 낮추고 '살포시' 다가와서 당자를 포박해버린다.

이런 자세로 시 쓰기에 골몰하다가 그리움의 시인이 된 이가 석경자이다. 2019년 첫 시집 『봄빛, 나비 날다』에서 다양한 그리움의 결을 노래한 그녀가 새 시집을 내놓는다. 그녀의 두 번째 시집을 관류하는 정서도 그리움이다. 앞선 시집과 동일선상에서 시집을 펴내는 원동력이 된 그녀의 그리움은 원숙해지고 완숙해졌다. 특히 이번 시집에서 그녀는 "감꽃 그 속에 핀 그리움"(「감꽃 그 속에 핀 그리움」)처럼 한없이 여린 그리움을 형상화하고 있어서 한층 심화된 양상이다. 그 와중에서 석경자의 그리움은 '감꽃 그 속에'서 필 정도로 수줍어서 이채롭다. 그녀의 "달밤을 연모하는 수줍음"(「괴목뿌리」)은 "달빛 속으로 미끄러지듯"(「달빛」) 들어가서 포개어져 하얀한 감꽃으로 피어난다. 수줍음은 그녀의 시집에 배치된 작품들의 그리움이 기원한 줄 알려주는 정서적 등가물이다.

그런 고로 석경자의 그리움은 "고독한 몸부림"(「나목에게」)이다. 그녀를 휘감고 도는 수줍음은 "바람 앞에서 가지 끝까지 수줍음"(「매화꽃」)으로 채색된 그리움의 색조를 지정한다. 석경자의 시작품에서 격정이나 역동을 찾아보기 힘든 것도, 결국 수줍음이 먼저 마중 나와서 정서의 유출을 막아준 덕이다. 곧, 그녀의 시편들은 언제나 수줍어서 다소곳하다. 그것은 시어의 들쑥날쑥을

예방하고, 감정의 삐죽거림을 제어한다. 그러는 중에 그녀의 가슴은 속울음을 진정시키느라고 "뜨거운 홍련의 가슴"(「연꽃」)이 된다. 뜨거운 뙤약볕을 온몸에 받으면서도 오직 개화의 법열을 위하여 불덩어리조차 인내하는 연이 마침내 '뜨거운' 열기를 주체하지 못하는 '가슴'의 '홍련'으로 피어나듯, 시인은 그리움을 얻기 위하여 '뜨거운 홍련의 가슴'을 배운다. 그리하여 그녀의 그리움은 "가슴 안으로 점점 커가는 섬"(「바다의 시간」)이 되어 낯선 사람들과 수줍은 거리를 유지한다. 석경자의 '그리움'이 '수줍음'과 결합되어 더욱 심화된 모습을 이 시집에서 구경할 찰나이다.

2

사람들이 갖고 있는 그리움은 가지가지이다. 흔히 그리움은 "텃밭에 걸려 있는 당신"(「애상」)이나 "잊혀진 줄 알았던 첫사랑"(「푸른 장미」)으로부터 말미암는다. 둘 다 대상이 사람이라는 공통점이 있다. 뒤엣치는 설명이 필요치 않을 정도로 통속적인 대상이고, 앞엣치는 '텃밭'이라는 공간표지에 힘입어 부모인 줄 어렵지 않게 알아차릴 수 있다. 양자는 시인의 그리움이 발원한 곳이 일반인과 다르지 않다는 증거이다. 그와 같이 석경자의 시편에 출몰하는 그리움은 보편성을 지니고 있다. 이 점은 그녀가 가상적 독자와의 대화를 상정하고 시작하는 줄 시사한다. 또 이 점은 그녀가 동원한 시어들이 일상적 언어생활과 밀접히 관련되어 있다는 물증이기도 하다.

이 시집에 석경자가 수놓은 그리움은 "솟아오르는 욕망"(「촛불」)을 잠재우느라고 오랜 시간 동안 온힘을 탕진하여 닳아지고 삭아진 모양으로 나타난다. 그것은 "어느 밤 삭여둔 그리움"(「가을빛 머문 곳」)과 "가슴 깊이 삭여둔 그리움"(「종이학」)으로 이분할 수 있다. 전자는 시간이 빚어낸 그리움이고, 후자는 개별적 사연이 낳은 그리움이다. 전자는 시간의 흐름에 편승하여 생성되고 축적되어 발효되는 그리움인 반면에, 후자는 시인이 의도적으로 홀로 감당하며 '가슴 깊이' 층층으로 쟁여두다 보니 삭아진 그리움이다. 양자는 전적으로 시간의 원조를 받아야만 '삭여'진다는 점에서, 그리움이 석경자의 '가슴 안으로 점점 커가는 섬'이라는 전술이 그르지 않은 줄 확인시켜준다. 시집에서 저변을 장악하고 있는 두 가지의 그리움이 변주되는 양상을 추적하기 위하여 실례를 찾아보자. 아래는 석경자의 시집에서 그리움이 등장하는 대목을 두서없이 뽑은 것이다.

"바다 그리워"(「구곡폭포」)
"그리움으로 찰랑대는 잎들"(「동구나무」)
"꽃이 그리워 울음 울다"(「새」)

"오늘은 그리운 사랑과"(「봄날」)

"그리운 날"(「봄눈」)

"꽃으로 흐르고 싶은 그리움"(「사계바람꽃이 되어」)

"너의 그리움"(「시간이 머무는 곳」)

"쫓던 그리움"(「애상」)

"하얗게 흔들리는 지난날의 그리움"(「이팝나무」)

"눈발 속 반가운 소리 그리워"(「하얀 겨울」)

"그립던 소나무숲"(「나도송이풀」)

위와 같이 석경자는 그리움의 모습을 여러 가지로 표현한다. 그것들의 제목을 함께 살펴보면, 시간의 도움을 받고 있는 줄 금세 확인된다. 가령, 「종이학」은 종이로 학을 만들기까지의 시간이 떠오르고, 「애상」은 슬퍼할 일이나 대상이 생겨난 후 아쉬운 감정이 발로되기까지의 시간이 소요되며, 「이팝나무」는 인용구와 결부되어 나무에 꽃이 피어난 후까지 흐른 시간의 여울이 눈에 선하다. 그처럼 석경자의 그리움은 "머지않아 곰삭을 미련"(「또 하나의 빛깔」)에서 발아한 탓에 시간이 경과할수록 삭아진다. 미련은 곰삭아서 미련곰탱이가 되어도 제자리를 떠나지 않는다. 마침내 미련은 곰삭다 삭다 못하여 "아늑한 시간들"(「어느 여름날」) 속으로 시인을 인도하고 소임을 다한다.

고래로 시간은 서정시의 존립을 뒷받침하는 주요 요소이다. 석경자는 자꾸 시간을 배경삼아 작품을 진행

하여 시의 장르적 속성을 충실히 반영하고 있다. 더욱이 그녀의 시세계를 주재하는 그리움은 필연적으로 "기다림의 눈부신 꽃"(「여름날의 풍경」)이라는 점에서 시간을 필요로 한다. 시간은 힘이 세다. 시간은 미련도 곰삭혀 버리고, 수줍음도 그리움으로 전이시켜버린다. 시간의 마력이 없다면 도저히 이루어질 수 없고 일어날 수 없는 현상들이다. 석경자는 시간을 효과적으로 이용하여 '그리운 날'의 풍경을 수채화로 그려낸다. 그녀의 그림 속에서 그리움은 시간과 어우러져 내밀한 추억을 불러온다. 그것을 확인하기가 용이한 곳은 '강가'이다. 강물의 흐름은 시간의 선조적 양상을 명료히 보여줄뿐더러, 김소월의 명편 「개여울」처럼 시인의 애단 정서를 싣기에 알맞다. 다음에 따온 작품에서는 석경자가 '강가'를 찾아 발길을 옮긴 의도가 밝혀지고, 그녀가 전통적 서정시의 문법에 충실히 복무하는 현장이기도 하다.

    색 바랜 시간들 너울대는 강물
    황혼의 가을은 잠겨 모두
    그리움의 빛이다

    아련한 잔물결에 꽃 시절 피고 지고
    어느덧 강물 속으로
    산 그림자 깊어

물수제비 띄우던 강바람
　　능선을 향한
　　휘파람 소리

　　점점 익숙해져 오는 달빛
　　늦도록 달맞이꽃 살피고 있다.
　　　　　　　　　　－「강가에서」전문

　'강가에서' 강물을 응시하는 석경자의 자세가 은근하다. 그녀는 첫 행에서부터 강물의 너울대는 모습에서 '색 바랜 시간들'을 발견한다. 그것은 이어지는 '황혼의 가을'이라는 시간표지에 힘입어 '그리움의 빛'으로 외연된다. 가을과 황혼의 결합은 시인의 시선에 내함된 시의 정조를 "낮달이 스치고 가버린 잔가지 끝"(「회상」)으로 향도하여 애끓는 모습으로 탄생한다. 황혼이란 하룻내 일상사로 바쁘고 힘든 몸을 뉘여야 하는 무렵이고, 가을은 일년내 지은 농사를 거둬들이며 바람벽을 바르는 시기이다. 낙엽같이 제 빛을 잃어버린 시어 둘이 "가슴을 풀어 헤친 강"(「가을 소묘」)의 소슬한 풍경을 구성하여 시적 분위기를 조성하는 데 기여하고 있다. 시인이 '황혼의 가을은 잠겨 모두'라고 1연에서 전제한 까닭이다. 모든 것이 잠겨버린 가을 강은 그리움의 빛깔로 흐른다. 석경자가 노래한 "흐르는 그리움"(「겨울이 남긴 이야기」)의 원형은 강물의 색조 변화에서 남상한 것이다. 그리움이 강물을 따라 흘러간다면, 강물은 죄다 그리움으로 물든다. 이런 상황에서는 "강을 거슬러 오는 이야기"(「어느 여름날」)를 듣고 싶어서 강가로 나왔다가 온몸을 의복처럼 감싸고 살아가는 그리움으로 부터 벗어나기 힘들다.

2연에서는 '아련한 잔물결'이 이는 수효가 '피고 지고'를 반복하면서 시간이 흐르고, 종국에는 '산 그림자'가 '강물 속으로' 침수된다. 시나브로 흐른 시간으로 인하여 산 그림자마저 강물 속으로 사라지자, 심층부에 자리한 "아득한 기억"(「민들레꽃이 피었다」)이 되살아나 아련한 옛날로 이끌어 간다. 기억이 아득해질수록 옛날은 소소한 파편으로 소환되어 본모습을 찾느라고 분주해진다. '아득한 기억'은 "돌아보면 아득한 그곳"(「숲의 기억」)에 잠들어 있는 것이라서 소환자의 손길이 닿으면 고구마 줄기처럼 줄줄이 딸려 나오기 마련이다. 그곳은 석경자가 "가슴 깊이 삭여둔 그리움"(「종이학」)이라는 표현을 얻게 된 둥지이다. 그녀는 오랜 시간 동안의 강물 바라기를 통해서 커피향에 달라붙는 니코틴처럼 자신과 한 덩어리가 되어버린 '그리움'과 조우한다.

3연은 이 시편의 정점이다. '산 그림자'마저 강 속으로 들어간 늦은 시각에 고요와 정밀을 깨뜨리는 '휘파람 소리'가 들린다. 그 소리는 시인의 가슴속까지 먹먹하게 흔드는 '소리 없는 아우성'이다. 늦으막해지자 "빈 강 들썩이는 바람소리"(「물빛 그리운 곳」)는 강물을 들썩여서 '물수제비'를 띄운다. '물수제비'는 앞서 나온 '너울대는'과 '잔물결'에 이어 시인의 의식이 흔들리고 있음을 재삼 증표한다. 더욱이 석경자의 시편에서 '잔물결'은 "잔물결 어룽진 숨결"(「낙화놀이 2」)과 연루되어 숨결마저 어룽지게 만들어서 '휘파람 소리'로 외화한다. 즉, 그녀는 강물에 얹혀 흐르는 '색 바랜 시간' 속에서 똬리를 틀고 앉아 자신의 내면을 무시로 흔드는 '그리움'에 떨고 있는 것이다. 그 떨림이 '휘파람 소리'이다. 그것은 「강가에서」를 그리움의 시로 자리매김하도록 권한다.

인용시에서 석경자가 강물이 바람을 맞아 자아내는 물결을 '물수제비'로 빗대고, 그것이 능선을 '향한' 휘파람 소리라고 비유한 것은 탁월하다. 끝연에서 그녀가 '저녁'이라는 시간어를 외면하고 '점점 익숙해져 오는 달빛'이라고 간접화법을 구사한 것도 괄목할 일이다. 첫 시집에서 가끔 돌출하던 관용구를 배격하고 강에 비치는 달빛으로 시간의 변화를 대체한 그녀의 시안이 예사롭지 않다. 나아가 그녀는 달빛이 '늦도록 달맞이꽃 살피고 있다'고 표현하고, 자신은 밤의 기운을 빌려 '강가'로 자취를 감추어버렸다. 이것은 그녀가 시 속의 장면에 개입하기를 삼가고 있다는 징표이고, 그녀가 강'가'에 나와서 가능해진 미학적 성과이다. 그처

럼 그녀가 '강가에서' 시간의 변화에 의식의 떨림을 의
탁하자, "어둠 속으로 길 떠나는 저 바람소리"(「해바라
기」)가 들리기 시작하였다.

> 햇살이 떠나가는 억새 숲
> 마른 꽃 나풀거리며 가을은
> 잔 그림자 드리우고
>
> 가장 빛나는 계절 껴안았던
> 은빛 물결 가만가만
> 내 가슴에 출렁댄다
>
> 한때 격정으로 지새우던 마음
> 빈 몸으로 돌아서
> 이제 사랑을 보내야 할 때
>
> 사랑은 사랑을 지켜주기 위한
> 배려라고
> 억새는 가을꽃으로 말하고 섰다.
>   - 「가을꽃으로 서다」 전문

  가을은 만물이 떠나가는 계절이다. 여름내 은성한 그늘은 햇살이 여위어가면서 궁핍한 가지만 남기고, 산야를 뒤덮던 지루한 초록은 색소의 농간으로 제빛을

잃어간다. 그런 모습을 목격한 사람들은 사색과 성찰로 지나간 시간을 반추하면서 가을과 이별을 준비한다. 가을이면 누구나 시인이 되는 이유이다. 석경자의 시에서 가을은 "사람의 신열, 가을"(「가을빛 머문 곳」)로 언표되는바, 이 구절은 "신열도 많았던 그 시절"(「가을 남자」)을 데리고 와서 계절의 변화를 온몸으로 받아들이는 인식안을 노정한다. 깊이 보면 가을은 온통 몸부림친 만물의 '신열'로 단풍이 든다. 단풍의 색깔은 물상의 종에 따라서 달라지고, 몸이 뒤척인 경중에 따라서 농도가 갈린다. 사람들은 '마른 꽃 나풀거리며 가을'의 복판에서 '신열이 많았던 그 시절'을 회고하고, "살얼음 핀 강물"(「겨울사랑」)이 보이면 한 해를 마무리한다. '신열'은 사계의 변화에 대응하는 석경자의 고유한 몸짓인 셈이다.

　시인은 '햇살이 떠나가는 억새 숲'에서 사랑의 의미를 찾아낸다. 그녀의 가슴에 '가만가만' 출렁대는 '은빛 물결'은 앞의 인용 작에서 만났던 강 물결의 재림이다. 그녀는 이처럼 '물결'의 파동에 의지하여 의식의 추이를 노출한다. 자세히 굽어다 보면, 물결은 한시도 같은 물결이 아니다. 물살이 빨라지면 눈앞을 순식간에 스쳐가는 듯하다가도, 유속이 느려지면 세상을 구경하며 유유히 흘러가는 게 물결이다. 사람의 의식 현상도 그와 같아서 한순간도 동일하지 않다. 불가에서 만물의 본질을 투시할 양이면 마음의 눈으로 바라보라고 설파해 왔건만, 이천년이 넘게 흐른 지금도 우매한 중생들은 옛 가르침을 여전히 곱씹고 있지 않은가. 억새의 흔들림은 "지난날 하얗게 울어대던 바람"(「어느 아침에」) 때문이 아니다. 그것은 "텅 빈 나의 가슴"(「낯선 길」)처럼, '한때 격정으로 지새우던 마음'을 버리고 '빈 몸'으로 '돌아서' 얻어진 '말'이다. 즉, 첫 행에서 말한 바대로 가을은 '떠나가는' 계절이므로 '이제 사랑을 보내야 할 때'인 줄 인정하라고 억새는 교훈한다. 바람에 편승하는 억새의 울음이 진지한 것은 "다 채울 수 없는 사랑"(「봄눈」)으로 인하여 제 속을 다 비워내는 아픔을 겪은 절실한 체험에서 우러난 것이다. 석경자의 시집에 난 이랑과 고랑마다 삽목된 '사랑'은 그처럼 바람이 불 적마다 '빈 몸'으로 공명하는 '그리움'이라서 고독하고 수줍다.

3

근래 들어와 한국 사회에는 추억을 파는 일들이 만연해졌다. 그 중에서 대표적으로 들 수 있는 것이 텔레비전의 이른바 맛집 투어이다. 전국의 소문난 음식점을 찾아가서 음식을 먹고 난 감상담은 으레 '엄마맛'으로 시작된다. 세상의 엄마들이 모두 맛있는 음식을 만들 줄 아는 것은 아닐 텐데, 방문객들은 소문난 식당 문을 나서면서 어릴 적에 엄마가 해준 음식의 맛과 동일시하며 상찬한다. 가히 시간과 공간을 초월할 만치 '엄마맛'은 '엄마'의 덕분인지 '맛'의 덕택인지 분간되지 않는 중에 정체성을 잃어버리고 만다. 그쯤 되면 엄마는 아무런 감흥이 없는 상징적 인물로 묶여버린다. 또 관광지에는 비인간적이었던 군사 독재자가 제 안보를 담보 받으려고 일반화했던 군사문화를 상품으로 내놓고 있다. 그 예가 어린 고등학생들에게 군사훈련을 강요하면서 강제로 입혔던 교련복이다. 한편에서는 여고 시절의 교복을 입고 사진을 찍으며 꿈 많은 그때로 돌아가서 친구들의 이름을 무더기로 소환한다. 이 역시 추억이라는 미명 하에 벌어지는 타락한 영업행위에 불과하다.

  요새는 이처럼 추억마저 상품화된 시대이다. 그러다 보니 정작 소중하게 보호받아야 할 추억이 제 값을 받지 못하는 용납하기 힘든 난관에 봉착한다. 이런 세상에서는 "언덕 너머 넘실대던 옛 얘기"(「새봄맞이」)가 저 너머로 추방된다. 언덕만 넘으면 "풀피리 불어주던 기억"(「오월은」)의 여린 싹이 고개를 뾰족이 내미는데, 추억이 상품으로 소비되는 자본주의 사회에서는 '기억'조차 상품으로 포장되지 않으면 유통되기 힘들다. 석경자는 이런 점에서 고지식하다. 그녀는 이전의 시집에서부터 표백했던 부모에 대한 그리움을 이번에도 애써 숨기지 않는다. 대개 자식의 부모에 대한 추억은 대체적으로 불효를 탕감받지 못하는 아쉬움의 표출이다.

언덕만 넘어가면 부모가 기다리는 집이 있었건만, 그 시절은 '옛 얘기'로 화석화된 채 밀봉되고 만 현실 앞에서 딸자식은 '그리움'을 발동하여 '추억'을 불러내고 '기억'을 되살리려고 거푸 시도한다. 이때 효과적인 소환 도구는 음식이다. 왜냐하면 음식이야말로 식구들끼리 밥상에 둘러앉아 공동체의 구성원인 줄 확인시켜주는 향기이고, 밥상에서 길들여진 후각이 공감하기에 효과가 가장 빠르기 때문이다.

    이맘때 여름철이면 엄마가 만들어주시던
    우뭇가사리 묵
    열무김치에 우뭇가사리 묵 한 사발을 맛있게 비우던 그 시절
    콩가루를 듬뿍 넣고 비벼주시던 엄마의 손맛
    정성껏 엄마의 맛을 기억하며 만들어 봤지만
    울컥 미끈한 우뭇가사리 묵
    자꾸만 목에 걸리는 느낌이다
    콩가루를 두 숟가락, 세 숟가락 더 넣고 비벼 봐도
    엄마의 투박하게 썰었던 우뭇가사리 묵
    그 맛은 여전히 구수하게 남아 있고
    지나온 날 만큼 어느새 비집고 터를 잡은 내 나이도 그 시절의 엄마 나이를 훌쩍 넘겼다.
                                        - 「우뭇가사리 묵」 전문

'우뭇가사리 묵'은 "말년에 회심곡 틀어놓고/ 일상을 엮던 어머니의 잔주름"(「백련」)을 연상하기에 적합하다. 딸의 미뢰를 장악한 '미끈한 우뭇가사리 묵'은 엄마와의 추억을 공유하도록 이끈다. 딸은 우뭇가사리 묵을 먹을 때마다 '콩가루를 두 숟가락, 세 숟가락 더 넣고' 비벼 먹던 '그 시절'로 돌아간다. 비록 끝부분에서 삭제되어야 마땅한 두 행이 부연되어 '자꾸만 목에 걸리는 느낌'을 훼방하고 있지만, 적어도 딸은 '이맘때 여름철'이 되면 '엄마의 투박하게 썰었던 우뭇가사리 묵'을 먹으며 '여전히 구수하게 남아 있'는 추억을 맛볼 수 있다. 추억은 그와 같이 개별적 차원에서 소환되고 음미되고 기억되어야 비로소 본연의 의미를 획득한다. 위 시에서 석경자는 헤픈 음식 하나로 진정한 추억을 찾아가는 여정을 선보이고 있다. 이와 달리, 아래에 따다 놓은 시에서 석경자는 '틀니'라는 구체적 물건을 매개 삼아 할머니를 추억한다.

> 아직도 할 말은 남아 있을까
> 아니면 더 할 이야기
> 듣고 싶은 이야기 없는 것일까
> 할머니 틀니는 다소곳하게 천장만 바라본다
> 구십 평생 되도록 내보이지 못하고
> 이 틀니 속에서 자리 잡았는지
> 더 옛 얘기는 들려오지 않는다

매년 이맘때면 보랏빛 라일락 향기가
바람결에 묻어오고
할머니 눈 속에 비친 꽃 세상은 온통
이야기 천국이었다
이제 틀니도 약해져
푸석한 이야기 허공에 던지고 있다.
　　　　　-「할머니의 틀니」전문

　예로부터 오복 중의 하나로 찬양되었던 치복이다. 어류와 다르게 사람들의 이는 재생되지 않는다. 또 치통은 고도의 고통을 선사하여 당자의 인내심을 시험하려 든다. 지금도 사람들은 일반 병원과 달리 치과에 가는 것을 꺼린다. 치과병원에 들어서면 특유의 소독향이 코를 자극하여 방문자의 신분을 환자로 규정하고, 날카로운 기계음은 환자에게 번호표를 뽑아주며 제대로 닦지 않은 과오를 꾸짖는다. 이런 이유로 치과는 어리나 늙으나 가기 싫은 곳 중의 하나이다. 하지만 가는 세월을 이길 수 있는 장사는 세상에 없는 법. 누구나 나이를 먹으면서 하나둘씩 치열에서 이탈하는 이 때문에 고민하다가 치과에 갈 수밖에 없다. 더욱이 늙는다는 것은 누구나 피할 수 없는 천형이고, 건치와 금 간 치아는 젊은 날에 불철저했던 치아 관리의 책임을 물어 인공치아로 대체된다.
　석경자는 할머니의 틀니에서 발화되지 못한 말이 궁

금하다. 그녀에게 이는 할머니가 개교한 무릎학교에서 체험했던 '이야기 천국'을 옹위하던 든든한 성채였다. 손녀의 호기심은 '보랏빛 라일락 향기'를 타고 등장하는 주인공들에 가 있었다. 할머니는 그들을 눈앞에 불러다 놓고 한 줄로 세워서 밤마다 나오는 순서를 부여하고 '눈 속에 비친 꽃세상'으로 손녀를 안내했다. 그러던 어느 날, 시간의 진군에 압도당한 할머니가 틀니를 장착하자 더 이상 '옛 얘기'는 들려오지 않고 말았다. 할머니의 틀니는 '할말'과 '더 할 이야기' 그리고 '듣고 싶은 이야기'마저 불필요한지 천장만 우두커니 바라볼 따름이다. 게다가 할머니의 틀니는 "어둠에 서성대던 추억"(「어느 날」)조차 불러내지 못한 채 '푸석한 이야기 허공에 던지고 있다'. 바야흐로 할머니의 틀니는 "빛바랜 언어"(「바다」)와 "흐려진 언어"(「푸른 장미」)의 사이에서 약해지고 푸석해진 나머지, 손녀에게 "잊혀진 달콤한 언어"(「달빛」)조차 발설하지 못하도록 가로막는다.

이와 같이 석경자는 구십 먹은 할머니의 틀니를 통해서 "못다 지운 말"(「어둔 밤 흐르는 빛」)의 값어치를 재현해낸다. 그녀가 이 시집에 와서 자꾸 '말'에 집착하는 이유인즉, 말이 함의하는바 뿐 아니라 그것을 통해서 할머니와의 추억을 되살리고 '그리움'의 기원을 되짚을 수 있기 때문이다. 이 점에서 「할머니의 틀니」를 쓰게 된 근본적인 동기는 '그리움'이라고 봐도 무방하다. 할머니는 틀니를 낌으로써 '라일락향기'와 '꽃세상'과 '천국'을 구현하지 못하게 되었지만, 손녀 시인은 틀니를 앞세워 할머니에 대한 '그리움'을 시화하고 있다. 그런 차원에서 석경자의 '그리움'은 "세상을 투망하는 흰빛"(「백련지」)을 띤다.

4
위에서 살펴본 바와 같이, 석경자의 두 번째 시집은 온통 그리움으로 채색되어 있다. 그녀에게 '그리움'이란 "지쳐버린 몸"(「무서리 내린 꽃밭」)을 포옹해주고 "먼 기억의 소녀"(「코스모스」)로 환생시켜준다. '그리움'의 음우 덕분에 그녀는 돌아가고 싶었던 그때로 돌아가는 귀로에 접어들 수 있는 것이다. 이것이야말로 그녀가 '그리움'에 집요히 관심하는 까닭인 바, 그것에 더하여 그녀는 엄마나 할머니의 품에 시드러운 깃을 내리고 "치유의 시간"(「텃밭」)으로 진입할 수 있게 된다. 헤르만 헤세의 "그리움이 나를 밀고 간다"라는 고백을 추종하듯, 석경자는 온몸에 각인된 '그리움'을 소환하여 상상의 나래를 여전히 맘껏 펼치고 있다. 이 점에서 그녀는 천상 '그리움의 시인'이다.
석경자는 이 시집에 이르러 시적 성취 수준을 한 단계 상승시켰다. 그녀가 강물에서 '색 바랜 시간'을 찾아내고, '달맞이꽃 살피고 있다'는 '달빛'의 눈길을 포착한 것이 그것을 입증하고도 남는다. 거기에 추가하여 "뒹구는 낙엽이 햇살을 줍고 있다"(「바람의 거리」)라는 표현에 주목하면, 그녀가 시업의 발전을 도모할 요량으로 투입한 각고의 노력을 단번에 추량할 수 있다. 이런 점들은 시집의 출간이 거듭되면서 시적 능력의 향상으로 구체화 되고 있다는 점에서 그녀의 다음 시집을 기대하라고 권면한다. 오로지 '삭여둔 그리움' 하나로 시의 주제를 확장하고 비유의 격조를 드높인 석경자가 천착할 '그리움'의 새로운 결이 궁금해진다.

얼음새꽃

2024년 10월 25일 초판 1쇄 찍음
2024년 10월 30일 초판 1쇄 펴냄

지은이 _ 석경자
펴낸이 _ 라문석
편집장 _ 김옥경
디자인 _ 장상호

펴 낸 곳 _ 도서출판 두엄
등록번호 _ 제03-01-503호
주　　소 _ (41969) 대구광역시 중구 명륜로12길 21
대표전화 _ (053) 423-2214
전자우편 _ dueum@hanmail.net

ⓒ석경자, 2024
ISBN 979-11-93360-16-3 03810

＊지은이와 협의하여 인지는 생략합니다.
＊이 책 내용의 전부 또는 일부를 재사용하려면 반드시 지은이와
　도서출판 두엄 양측의 동의를 받아야 합니다.
＊책값은 뒤표지에 표시되어 있습니다.

＊후원 : 문화관광체육부 · 전라북도 · 전라북도문화관광재단
＊이 책은 (재)전라북도문화관광재단의 지역문화예술육성지원사업의
　지원을 받아 제작 되었습니다.